DISCOURS

QUI A REMPORTÉ

LE

PRIX D'ÉLOQUENCE

AU JUGEMENT

DE

L'ACADÉMIE FRANÇOISE

EN L'ANNE'E M. DCC. XXXV.

Le jour de Saint Louis.

Par *Monsieur* PALLAS, *Lieutenant Général de Toul.*

A TOUL,

De l'Imprimerie de CLAUDE VINCENT, Marchand Libraire, Imprimeur de l'Hôtel de Ville & de la Police.

<hr>

M. DCC. XXXV.

SUJET
DONNÉ
PAR MESSIEURS
DE L'ACADÉMIE FRANÇOISE
POUR LE PRIX D'ÉLOQUENCE.

Combien il importe d'acquérir l'Esprit de Société, conformément à ces paroles de l'Ecriture Sainte. *Vir amabilis ad Societatem magis amicus erit quàm Frater.* Prov. chap. 18. v. 24.

DISCOURS

QUI A REMPORTE

LE

PRIX D'ELOQUENCE

AU JUGEMENT

DE L'ACADE'MIE FRANÇOISE

Le jour de Saint Louis 1735.

QUELQUE diverſes, quelqu'oppoſées même que ſoient les penſées, les inclinations & les mœurs des hommes, l'intérêt ſçait les unir, & rend la ſociété néceſſaire à leurs beſoins. D'autant plus heureux que ne pouvant ſe paſſer les uns des autres, ils trouvent plus d'occaſions de ſe devenir mutuellement utiles, & que rien n'étant ſur eux plus dominant que leur intérêt, rien n'eſt plus fréquent que leurs beſoins.

En vain le Miſantrope fuit-il les hommes parce qu'il les hait, le Superbe les traite-t'il avec hauteur, parce qu'il les mépriſe, le Philoſophe les regarde-t'il avec pitié, parce qu'ils ne ſont à ſes yeux que de vils humains, en ſont·ils moins dépendans du commerce des hommes? Perſonne ne peut ſe ſuffire à ſoi-même ; l'homme n'eſt point un tout, il fait partie d'un tout qui eſt l'Univers, il eſt rélatif à ce qui lui appartient, & l'environne, depuis le jour de ſa naiſſance juſqu'au jour de ſa mort, il eſt tribùtaire de la ſociété, & les ſecours qu'il en reçoit toûjours auſſi grands que ſes beſoins, ſouvent auſſi prompts que ſes déſirs, ne le convàinquent que trop, que ſans elle il ſeroit dans un dénuëment, dans un abandon plus cruels que le néant même, & qu'elle eſt indiſpenſable à la félicité de ſes jours.

A ij

Mais pourquoi les hommes réduits à se chercher, & forcés de vivre ensemble, ne tournent-ils pas cette nécessité en agrément ? Pourquoi l'Esprit de société est il ce qui régne le moins dans la société, & la bornant à ce qu'elle a d'utile & d'avantageux, négligent ils ce qu'elle peut avoir de douceurs & de plaisirs? Cet esprit les rendroit lians, insinuans, sociables, complaisans. Ils se chercheroient par goût, se cultiveroient par attachement, & ne se quitteroient qu'avec impatience de se revoir. Freres par la nature, ils le seroient par le cœur, le genre humain ne seroit qu'une famille, & chaque société ne seroit composée que d'amis.

Devroit-on les inviter à une vie si douce ? Cependant à la honte de la raison, & au préjudice même de leurs plus chers interêts, il faut les avertir que ce qui feroit leur bonheur, est en leur pouvoir. Pressons-les de se rendre heureux par eux-mêmes, en leur montrant les charmes & les avantages que l'esprit de société répand dans la société. Il prévint les esprits par ce qui les flatte, il gagne les cœurs par ce qui les intéresse. C'est qu'il n'admet dans les entretiens rien que de poli, & dans la conduite rien que d'obligeant. Il se rend aimable, est-il étonnant qu'il se fasse aimer ? Deux propositions qui doivent passer pour incontestables, puisque l'Esprit-Saint nous assure que l'homme qui plaît dans la société, sera plus aimé que le Frere même, & dont les preuves feront sentir combien il importe d'acquérir l'Esprit de société.

PREMIERE PARTIE.

SI l'on excepte ceux que la Raison rend modestes, ou que la Religion rend humbles, il n'est point d'homme qui ne se flatte d'avoir de l'esprit. Cette opinion générale fait que chacun content du sien, s'en croit toûjours plus qu'il n'en a. Idolâtre & jaloux de ses pensées, on ne voit rien de mieux que ce qu'on pense, & de ce côté là, on ne le céde à personne. On va même, quand on est vain, jusqu'à s'arroger une supériorité qui n'est jamais reconnuë sans répugnance, & sans dépit. On se place soi-même sur un Tribunal d'où l'on décide impitoïablement, & d'où l'on juge en souverain. On se croit tout dû, & on ne veut rien devoir. Egards, attention, docilité, respects, applaudissemens, autant de tributs qu'on impose, & dont on a peine à se relâcher, & moins cette vanité & cette présomption sont fondées, plus sont-elles hautaines & intraitables. Qu'arrive-t'il ? L'amour propre blessé, révolté, indigné de l'empire qu'on usurpe sur lui, s'en empare comme d'un droit injustement ravi, & secoüant fiérement le joug qu'il ne veut pas subir, il le renverse sur l'usurpateur qui l'en vouloit charger.

Que produit dans la société cette présomption insensée d'y dominer par l'esprit ? Une disposition sécrette ou déclarée de n'en trouver à personne, ou de chicanner, & de ravaler même ceux qui en ont incontestablement, une sagacité maligne à épier leurs défauts ou leurs foibles, la joïe cruelle de les découvrir,

& la lâcheté de s'en prévaloir, une baffe jaloufie de fon mérite qui ne pardonne
pas à celui qui l'égale, encore moins à celui qui l'efface, & fur-tout une révolte,
une confpiration de tous les efprits qui ne paffent plus rien, & qui relévent
tout. De-là penfées réciproquement mal interpretées, ou mal prifes, expreffions
peu méfurées ou trop vives, interruptions inciviles & fréquentes, tumulte,
cris étourdiffans. De-là des fcênes de difputes & de contradictions qui dégéne-
rent en quérelles & en divifion, dont le réfultat eft une haine cachée, & peut-
être éclatante.

Ces inconvéniens, & les dégoûts qui en font inféparables, doivent-ils furpren-
dre dans la fociété ? Qui font ceux qui en font la foule ? Des efprits vains,
parce qu'ils font frivoles, qui prévenus en leur faveur fe refpectent, & n'efti-
ment qu'eux-mêmes, que la vanité feule fait parler, qui parlent avant que de
penfer, & ne penfent qu'à la hâte, & à demi. Des efprits qui pleins de leur
idée, n'accordent aux autres qu'une oreille inatentive, & des regards diftraits,
& fongent plus à ce qu'ils veulent dire, qu'à répondre à ce qu'on leur dit ;
injuftes, ils exigent une attention qu'ils refufent, & s'offenfent de trouver des
auditeurs inapliqués. Des efprits à qui le filence eft inconnu, & peut-être im-
poffible, qui font un fatigant ufage de la parole, & un abus ennuïant de l'efprit même ; leur entretien eft inondé d'un déluge de riens. Des efprits éblouïs
de quelques lueurs incertaines, ils les prennent pour le flambeau de la verité.
Toûjours décidés & décififs, le doute fi prudent les incommode, d'un ton
fuffifant, & d'un air impérieux, ils donnent leurs préjugés pour des loix, &
leurs opinions pour des oracles, qui ne permettent que la foumiffion. Ce font
des Tyrans qui ne veulent & ne fouffrent que des efclaves. Que fçai-je ? Tant
d'autres caractéres d'efprit auffi peu fociables, & également propres à perfuader
que ces travers, & ces défordres font inévitables dans la fociété, & qu'elle
n'unit les hommes que pour leur fournir des fujets de s'aliéner, & des raifons
de fe fuir.

Efprit liant & fociable, fi rare, fi négligé dans la fociété, viens lui rendre fes
charmes que ton abfence en bannit toûjours. Montre-toi avec tes avantages &
ton pouvoir, régne fur l'efprit des hommes, préfide à leurs entretiens ; les génies les plus vains & les plus fiers céderont aux attraits de ton empire.

Eh ! Comment y réfifteroient-ils ? Celui qui en fçait faire ufage fe les concilie
par ce que la politeffe a de gracieux, & la complaifance a de prévenant. Il fe
prefte à leurs idées, il entre dans leurs fentimens, & fe conforme à leur ma
niere de penfer. S'il parle, c'eft felon leur goût ; s'il s'exprime, c'eft avec le
langage des graces finceres & flatoufes, il fe métamorphofe en eux pour leur
plaire. Peuvent-ils ne pas goûter un caractére qui prend ainfi la teinture du
leur, qui fe préfente fous les couleurs, & avec les traits dont ils fe plaifent à
fe voir & à fe montrer, & qui pour flatter leur amour propre, en entretient
l'yvreffe, & en nourrit la vanité. Alors féduits & gagnés par un interêt fi cher,

ils ne diftinguent, ils ne féparent plus l'impreffion aimable qu'ils éprouvent de celui qui la leur donne, & par une illufion de fentiment, ils lui attribuent les agrémens dont ils font touchés, ils s'y complaifent, & s'y attachent comme à la caufe de leur plaifir.

Cherchons, & développons les ftratagêmes que l'Efprit de fociété emploïe pour s'infinuer dans les efprits. Ils doivent être bien féducteurs, puis qu'ils font les délices des entretiens. Quelque préfomptueufe que foit l'opinion qu'ont les hommes de leur efprit, il eft aifé de les féduire par leur propre orguëil, il ne s'agit que de le ménager. Dés qu'on ne leur contefte plus la fupériorité dont ils fe flatent, & dont ils font fi fiers, ils ceffent d'en être jaloux. Ils s'en relâchent à mefure qu'on la leur céde. Fait-on des pas vers eux? ils defcendent, ils fe r'aprochent. Ils prennent pour autant de droits, autant de tributs les condefcen-dances, les égards, les ménagemens qu'on a pour eux. Aveugles, ils ne voïent pas que ce font autant d'afcendans qu'on prend fur eux. En flatant les hommes on les tourne, on les méne, tout dépend d'intéreffer leur amour propre, le piége eft infaillible.

Se préfenter avec un air ouvert, & un abord fatisfait de les voir; leur faire fentir qu'on fe plaît avec eux, & que leur commerce attache; les écouter avec une phyfionomie complaifante, & avec une attention caufée par le plaifir de les fuivre; prendre précifement leurs penfées, & leur faire comprendre qu'on en doit l'intelligence à la clarté qu'ils y mettent; par des fouris, enfans naïfs de l'approbation, leur donner lieu de s'applaudir, en fe flattant d'avoir plû; inter-dire dans fes difcours non-feulement la raillerie qui annonce le mépris; mais même l'ironie qui le fait foupçonner, & n'y faire entrer que ce que les manieres, & le langage ont de poli & d'engageant. Voilà le fecret immanquable de pré-venir les efprits, de s'attirer leur complaifance, & de les préparer à devenir favorables.

La féduction n'eft qu'ébauchée, & déja leur vanité compofe. Voulons-nous en triompher? Nourriffons-en l'illufion, en donnant des alimens réels à fes chi-meres. Pour pénétrer, pour approfondir les différens caractéres d'efprit, four-niffons-leur des tentations de s'ouvrir, & des occafions de fe répandre. Pour cela choififfons l'objet favori de leur goût, ils le faifiront. Le plaifir de le tenir, & d'en parler les trahira, ils fe prodigueront. Dans cet épanchement, leurs qua-lités foibles & dominantes fe dévelopent, & fe démêlent. Mettons-les dans leur plus beau jour, plaçons-les à leur avantage, pouffons-les jufqu'où elles peuvent aller, & par une adreffe infenfible, conduifons-les felon leur fphere & leur portée dans les païs qu'ils connoiffent par les routes qu'ils fçavent le mieux. Pour lors ils font à leur aife, & en état de parler avec intelligence, de paroître avec diftinction, de fe faire écouter; ils brillent, ils priment. Ils nous fçavent gré de leur mérite aperçû & mis en œuvre. Ils font contens de ceux avec lef-quels ils font contens d'eux-mêmes. Le talent de l'Efprit de fociété eft de faire

valoir le talent des autres. Le grand art de se faire goûter dans les conversa-
tions, est de fournir les moïens d'y plaire. On trouve de l'esprit à ceux qui en
sçavent donner.

Combien de génies que la modestie retient, & dont la vanité ne peut se re-
tenir. Celui-là renfermé en lui même, n'a qu'un entretien aride, il pense beaucoup, parce qu'il parle peu, on ne le croit capable que de se taire & d'écouter.
Il suffit de l'aiguillonner pour le tirer de sa léthargie. Il se réveille, écoutez-le,
il va vous charmer. Que de grâces inatenduës, que de richesses inespérées! Celui-ci n'a pas assez d'esprit pour sentir qu'il n'en a point, cet autre n'en a que
ce qu'il en faut pour présumer en avoir beaucoup, & par une conséquence né-
cessaire qui leur est commune, ils s'emparent du discours, & sont les fléaux des
cercles. Laissez courir ces torrens. Ne pas les contredire, c'est leur paroître charmé.
Ils prennent le silence pour éloge ; les écouter, c'est leur applaudir.

Mais quel spectacle s'offre à mes regards étonnés ! Quel bruit frappe mes
oreilles étourdies ! Les visages sont en feu, les yeux pétillent, tout le corps est
dans l'agitation ; j'entens des cris perçants, tous parlent ensemble, personne
n'écoute, on ne s'entend pas soi-même. La cause de tant d'émotion & de trouble
est donc bien importante ? Rien de plus léger, & souvent rien de plus frivole.
Un ouvrage nouveau est donné au public, le parti est pris ou pour ou contre.
La satyre le blâme, la flaterie le loüe ; les uns le soutiennent méprisable, les
autres le traitent d'excellent, l'éloge & le blâme sont également outrés, le Critique & l'Admirateur veulent que leur jugement l'emporte, & fasse la destinée
de l'ouvrage & de l'Auteur. Qu'on ne pense pas que l'un ou l'autre céde, ou
même en rabatte. Leur sentiment est une impression, ils l'ont épousé avec pas-
sion, ils s'y acharnent avec emportement, & traitant le sentiment contraire d'aveu-
glement & de fascination, ils se forgent le ridicule point d'honneur de le subu-
juguer, ou de le mépriser.

Avec des hommes si peu raisonnables, le moïen de faire usage de la Raison.
L'Esprit sociable va lui faire reprendre ses priviléges, son pouvoir & son crédit.
Sans se déclarer pour aucun parti, il sçaura rapprocher & concilier les plus
opposés. Il juge sans prévention de l'ouvrage tout ensemble exalté & proscrit,
& il en juge avec équité. Il a de véritables défauts, il a de réelles beautés, &
les discutant sans jalousie, les pésant sans interêt, il les estime ce qu'ils valent ;
& comme les avantages & les foibles ne sont pas sans restrictions, il les compare
& les compense. Les imperfections sont mises sur le compte de la foiblesse hu-
maine, & ce qui manque à la perfection, l'esprit de l'homme ne le comporte pas.
Mais cette équité n'est pas si rigide qu'on ne s'aperçoive bien que quand il n'a-
prouve pas, c'est avec regret, & que quand il aprouve, c'est avec plaisir. Oüi,
l'Auteur même, fut-il Poëte, se contenteroit d'une aprétiation & si judicieuse
& si polie.

Que sera-ce, s'il trouve dans la conversation, ou dans les ouvrages d'esprit des raifons d'applaudir abfolument ? Ces génies dont l'étenduë, la force, ou la beauté font le fupplice de l'envie, jettent dans fon ame de l'admiration & de la joïe. Elles s'épanoüiffent par des traits vifs de loüanges échapées. On fent à leur naïveté fubite que le fentiment en exclut la flaterie. Il refpecte, il révere ces talens, ce mérite que la nature avare accorde fi rarement aux hommes, & qui font tant d'honneur à l'humanité. Les beautés le frapent, les graces le charment, le délicat le touche, le bon l'interreffe, le vrai le convaint & le fixe, rien n'eft perdu, tout eft fenti, & par ces impreffions diverfes qui prouvent une admiration éclairée & intéreffante, il s'attache ceux qu'il admire. Les plus grands hommes fe plaifent avec leur admirateurs.

Ce génie, ce caractére fi propre à s'infinuer dans les efprits, & qui fçait fi bien fe fervir de leur mérite pour leur plaire, ne laiffera-t'il pas échaper, ou appercevoir le fien ? Ne fe fera-t'il pas écouter à fon tour ? Quoi qu'un filence attentif foit fouvent un perfonnage flateur, & qu'il foit même le feul qu'on demande, & qui convienne à bien des perfonnes, cependant la converfation eft un commerce de penfées, de réfléxions, de fentimens que chacun doit contribuer à rendre aimable, & qui ne l'eft qu'autant qu'animé & foutenu, la vivacité en fait le charme. Il en fait naître, il en répand, à propos, fans recherche, fans affectation. On ne le voit pas courir après l'Efprit, il ne fe pique point d'en avoir, il ne fe hâte point d'en montrer ; il femble qu'on le lui infpire, & que le fujet qu'on traite en foit le créateur.

S'il ouvre la converfation, la matiere qu'il entame ou amufe, ou interreffe, ou applique. Toujours quelques circonftances perfonnelles, quelques applications fines, quelques parenthéfes courtes, délicates & polies réveillent l'attention, attachent avec interêt, & fément des graces qui prifes du fujet en deviennent plus touchantes. S'il récite, fa narration légere va rapidement au fait. Il écarte les afpects rebutans, n'expofe que les faces riantes, ménage fcrupuleufement les bienféances, n'abufe point de la crédulité, & ne joüe jamais avec la verité. S'il examine, s'il difcute, fon objet eft préfenté comme il importe qu'il foit vû pour fraper & pour plaire ; il expofe fes principes, & laiffe aller le cours des conféquences ; il fait entrevoir fes raifons, & l'on s'en faifit comme étant à foi ; loin de s'y apéfantir & de les épuifer, il indique ce qu'il fuprime, & au lieu d'étaler la fade abondance de tout dire, il fe laiffe prévenir & fupléer, & la pénétration s'aplaudit du mérite ou de la vanité de l'avoir deviné.

S'il contefte, s'il difpute, cet écüeil eft fréquent dans la fociété ; que de circonfpection, que de ménagemens, que d'égards ! Ce n'eft point un ennemi qui combat, c'eft un émule qui s'exerce. Ce n'eft point la perfonne qu'il attaque, c'eft l'opinion qu'il contredit, non pour la convaincre d'erreur, mais pour l'amener à la vérité. S'il infifte, s'il preffe, ce n'eft point pour confondre, c'eft pour détromper. Mais quelle voïe prend-il ? C'eft en fe défiant de fon opinion qu'il n'avance qu'avec la timidité du doute, en la foutenant avec les preuves mo-

deftes

deftes de la raifon, en la défendant avec les feules armes que met en main la
verité, & en la pouffant avec la retenuë & la confiance qu'infpire la bonne caufe,
fans emploïer la chaleur dont on foutient ordinairement la mauvaife. Toujours
prêt à fe défarmer, à céder, à fe rendre dès qu'il fent qu'il s'eft trompé, jamais
ni triomphant, ni fuperbe quand les autres ou s'échapent, ou fe trompent. Bien
éloigné de les forcer à cet humiliant aveu, fes raifons infinuées, fes preuves pref-
fenties deffillent les yeux ; on leve foi-même le bandeau qui cachoit le jour &
l'évidence. On n'eft point entraîné, on fe laiffe aller ; on ne fe croit pas vaincu,
on fe trouve éclairé ; on n'eft point réduit à la conviction, on fe perfuade foi-
même ; on a commencé comme adverfaires, on fe quitte d'accord, & on refte amis.

Des caractéres fi infinuans, fi lians, font faits pour rendre aimable le commerce
des hommes. Quand l'efprit de focieté eft en l'ame, il en écarte les dégouts, &
en multiplie les douceurs. Non-feulement il flatte & prévient les efprits par ce
qu'on peut défirer de poli dans les entretiens ; mais encore il interreffe & gagne
les cœurs par ce qu'on peut fouhaiter d'obligeant dans la conduite.

SECONDE PARTIE.

RIEN ne doit mieux prouver combien l'Efprit de fociété eft néceffaire dans
le commerce des hommes pour y trouver les agrémens qu'ils y cherchent,
que de montrer la fociété telle qu'elle eft quand cet efprit n'y régne pas. Ce con-
trafte fera fentir le befoin qu'elle en a, & les avantages qu'elle en reçoit.

Qu'eft-elle en effet ? Un affemblage de perfonnes qui fe cherchent ou par oifi-
veté, ou par habitude, ou par bienféance, ou par néceffité, qui fe voïent
non-feulement fans s'aimer, mais même fans fe gouter & fans fe plaire, qui fe
cultivent pour leurs befoins & pour leur utilité perfonnelle, qui ne fe rendent
des fervices que pour en recevoir ; générofité avare qui féme peu pour recüeil-
lir beaucoup. Commerce où l'on ne regarde que foi, l'on raporte tout à foi, l'on
n'eft que pour foi. Liaifons mercenaires où l'on trafique de fon pouvoir, de fon
crédit, des talens de l'efprit, & des faveurs de la fortune. Liaifons politiques
dont l'attachement le plus déclaré eft auffi froid qu'il paroît vif, qui a la diffi-
mulation pour fondement, & l'interêt pour objet. Liaifons volages qu'on prend
par caprice, qu'on quitte fans raifons, fans regrets ; auffi faciles à rompre qu'à
former. Liaifons fourbes dont l'art, l'intelligence & l'adreffe font de faire des
duppes, & de ne l'être pas, où le vice a la vertu pour mafque, & ce mafque
eft un piége, où les dehors féducteurs couvrent & décorent un fond perfide,
où les aparences hypocrites ne flatent & ne careffent que pour tromper, & où
la bouche & le cœur font dans un divorce & une contradiction éternelle.

C'eft toi, Tyran des hommes, pernicieux interêt, qui les féduis, les gâtes &
les deshonnores. C'eft toi qui banis de leur commerce la verité, la candeur &
la problté. Sous tes loix celles de l'amitié, du fang & de l'honneur ne font plus

écoutées, tes attentats vont jufqu'à triompher de la vertu que tu fais fervir à tes féductions ; ton empire fait l'opprobre de l'humanité.

L'Efprit de Société a bien d'autres principes, d'autres fentimens, d'autres procédés. Eft-il l'ame de la fociété ? J'y vois régner l'ordre, la concorde & la paix. Le vice n'ofe y paroître la tête levée, la honte le rend timide, & le tient voilé ; les défauts s'y corrigent, & s'y réforment par le fpectacle des qualités aimables ; la vertu y eft accüeillie, & révérée par ceux mêmes qui n'en font point fectateurs. J'y vois les hommes unis par les plus doux liens. Serviables, le fecours fuit de près le befoin, complaifans, ils cherchent mutuellement à fe plaire, l'intérêt perfonnel fait place à l'intérêt commun, le plaifir d'obliger eft le plaifir dominant, chacun s'y rend juftice, chacun s'y fait grace, & les égards, les bienféances, les devoirs obfervés exactement & par goût rendent le commerce des hommes auffi agréable qu'il eft néceffaire.

A quoi attribuer une métamorphofe fi frapante, & les avantages qui en réfultent ! Les hommes n'ont-ils pas le même foible qui eft l'intérêt, la même paffion qui eft l'amour propre ? Eft-il aifé d'obtenir d'eux le facrifice de ce qu'ils ont de plus intéreffant & de plus cher ? Si l'on l'exige, on les trouve indociles, les y contraindre, c'eft les révolter ; mais l'infinuant Efprit de fociété prend une route bien fûre pour arriver à leur cœur, il fe fert d'eux-mêmes pour les gagner. Il les attire par ce foible, c'eft un penchant fi naturel qu'ils y tombent fans peine ; il les engage par cette paffion, c'eft un attrait fi doux qu'ils y donnent avec plaifir. Il entre avec chaleur dans tout ce qui les intéreffe ; voilà leur intérêt content, il fe livre de bonne grace à ce qui peut leur plaire ; voilà leur amour propre flaté. Peuvent-ils ne pas aimer un caractére qu'ils trouvent tout enfemble obligeant & flateur ?

Pourquoi par des vûës intéreffées perdre en obligeant le mérite d'obliger ? Ce plaifir fi naturel aux cœurs bienfaits peut-il avoir un objet plus noble, & efpérer une récompenfe plus fenfible que ce plaifir même ? Hé ! Quel eft l'homme, s'il n'a pas les inclinations baffes, qui n'aime mieux donner que de recevoir ? Tel en eft le penchant dans les ames généreufes, que c'eft leur faire une grace que d'accepter un bienfait, leur délicateffe fe trouve reconnoiffante & flatée de la générofité qui l'accepte. Je confens que le commun des hommes traite de rafinement & de chimére ce fentiment dont ils ne font ni touchés, ni capables ; mais pour être obligeants, ont-ils befoin d'autre aiguillon que leurs propres befoins L'impreffion de leur foibleffe, de leur indigence, de leur mifere ne leur fuffit-elle pas pour fe regarder comme d'autres eux mêmes, fans être pouffés par d'autres motifs, fans attendre d'autre retour qu'un échange de foulagemens & de bons offices ? Paitris de la même argile, formés fur le même modéle, expofés aux mêmes accidens, aux mêmes révolutions, plus ou moins fenfibles au plaifir qu'ils cherchent, & à la peine qu'ils fuïent, ils doivent s'entr'aider ; concourir à l'envi à rendre riants leurs jours rapides, fe confoler des difgraces de la vie; & des malheurs de leur mortalité, & rendre ainfi la fociété intéreffante par un concours généreux de fecours & de fervices.

Que c'eft bien là le caractére de l'homme obligeant? Les hommes font à fes yeux fes femblables, fes freres, j'allois dire fes amis, car fa conduite les flate de l'être. Toujours prêt, toujours prompt à obliger, fon inquiétude eft d'en chercher, d'en épier les occafions, & fa joïe eft d'en trouver, & de les faifir. Il va au devant des défirs dès qu'il peut les deviner, ou même les foupçonner. Ses fervices font des droits pour ceux qui ont recours à lui; on le contrifte quand on les ménage, on l'offenfe quand on les néglige. Qui veut être fon ami l'emploïe, qui l'eft véritablement en abufe; les jours où on le laiffe oifif font pour lui des jours vuides & péfants, il fe plaint du malheur d'être inutile.

Une affaire vous eft furvenuë, votre nonchalance eft effraïée, ou votre vanité bleffée des démarches & des foins qu'elle demande. Les difficultés envifagées vous rebutent, vous n'avez pas le courage de la fuivre; cependant elle vous intéreffe, & vous voudriez la voir terminée fans faire tant de pas, ni dévorer tant de peines. Vos vœux font remplis, vous aprenez avec furprife que tout a fuccédé au gré de vos défirs. Qui a préparé ces voïes, qui a vaincu ces obftacles, qui a amené ces fuccés? C'eft un homme obligeant qui fe fait un mérite d'être inconnu, & qui pour ménager votre reconnoiffance, vous en laiffe attribuer l'objct aux jeux de la fortune.

Combien le font aimer tant d'autres façons d'obliger auffi délicates, & préférables au fervice même? Car quel foin qu'il prenne de fe cacher, fon caractére le trahit malgré lui, à force de preuves il eft pris fur le fait, en cherchant fon bienfaiteur on le découvre, & le cœur reconnoiffant prend fur lui le bienfait.

Cette nobleffe de fentiment n'eft pas commune, elle n'eft pas même abfolument néceffaire dans la fociété, elle eft au deffus de la portée ordinaire des hommes, l'amour propre y a trop de part, & fouvent l'orgueil en abforbe le mérite; mais les détails de la vie chaque jour renaiffans, tous ces riens dont les hommes s'occupent, & qui deviennent importans, par le goût qu'ils y prennent, & par le tems qu'ils y donnent, fourniffent au penchant d'obliger des fujets plus naturels, & des reffources plus fécondes. Les petites chofes font plus décifives en faveur du cœur que les grandes, elles reparoiffent plus fouvent, & leur fréquence prouve qu'elles partent de fource; une pluïe affiduë pénétre plus avant dans la terre qu'une pluïe d'orage.

Les occafions d'obliger ne manquent pas à celui qui n'en laiffe point perdre. C'eft un Protée qu'on faifit toujours, & qui n'échape jamais. Il fçait fi bien prendre les inclinations & les goûts de ceux avec qui il eft lié, qu'il leur femble que c'eft la fympathie qui joue, ils fe retrouvent, ils fe reconnoiffent; on fe plaît dans fa reffemblance. De-là cette confiance qu'il s'attire, & qui fe plaît à s'épancher, quand elle tombe dans un cœur fenfible. Ici ce font des peines qu'il rend plus légéres en les partageant. Là ce font des plaintes dont on le foulage avec lui; il y a de la douceur à se plaindre quand on est écouté. Celui-ci cherche un témoin de son bonheur, il le trouve imparfait, parce qu'il n'est pas connu, il lui manque le plaisir, peut être la vanité d'en parler; le confident obligeant le sent comme l'indiscret même, la part qu'il y prend en renouvelle l'impression & les charmes, & le rend & plus vif & plus cher. Celui-là au contraire absorbé dans son malheur le dévore en secret; en le taisant il croit l'affoiblir, & il s'acroit dans le silence. Il craint les spectateurs; pour la plûpart l'infortune est un crime, pour d'autres un sujet de froideur, de mépris & de rebuts. Pour l'homme obligeant c'est un état touchant; au travers du malheur il pénétre le mérite qui n'en est point gâté, & par des attentions, des égards, des consolations il attendrit le malheureux, (car les malheureux sont délicats & sensibles,) & donne à son cœur opressé le soulagement de s'ouvrir & de se répandre. Une famille est-elle divisée ? Son Esprit conciliateur y rétablit l'union. Des amis ont-ils rompu leur intelligence ? Il la renoüe, & en resserre plus étroitement les nœuds. Une haine mortelle éclate entre deux ennemis, ils se fuïent par horreur, & ne se rencontrent point sans frémir; par ses insinuations, ses discours, ses démarches, sa constance, il négocie si heureusement leur réconciliation qu'ils consentent à se voir, se voïent, se r'aprochent, & s'embrassent. Ailleurs il accommode un différent dont l'éclat seroit indécent, & dont le mystére demande une conduite discrette & déliée. Plus loin il est choisi pour arbitre d'une contestation ruineuse pour les Parties, si elle est portée dans les Tribunaux successifs de la Justice. Par-tout on le trouve au besoin, il est sous la main, il semble se multiplier, tant il est attentif, empressé, ingénieux à obliger. Il ne l'est pas moins à plaire, ses procédés sont aussi flateurs qu'obligeants.

On ne plaît qu'en flatant l'amour propre, & rien ne flate davantage les hommes que de leur montrer qu'on a d'eux l'opinion favorable qu'ils en ont eux-mêmes. Ils s'aplaudissent d'être regardés comme ils se voïent, & comme ils souhaitent d'être vûs, leur prévention personnelle se trouve autorisée, & retombe sur celui qui l'autorise. C'est sur ce principe que l'homme sociable aligne sa conduite. Il voit les défauts des autres avec tant d'indulgence, qu'il s'en sert pour leur plaire, il voit leur mérite avec tant de satisfaction, qu'il semble s'y complaire.

Il lui est aisé de plaire au Parleur impitoïable, il lui suffit de se taire & de l'écouter, en lui cachant l'ennui & la fatigue de l'entendre. Pour plaire à l'homme indiscret, il lui entre-ouvre son sein, il le questionne, il s'intéresse aux premiéres ouvertures, elles le suivent de près, & de confidence en confidence il le soulage d'un secret qui lui pésoit. Pour plaire à l'homme vain de son mérite, il l'engage à parler de soi-même, à se parcourir, il le met à même s'encenser. Pour plaire au superbe, il lui passe ses hauteurs & ses dédains; il ne leur opose que de la douceur & de la politesse. Pour plaire à l'homme scabreux, il lui passe ses ombrages, ses épines, ses soupçons; avec une conduite nette & candide, il ne leur donne aucune prife. Pour plaire à l'homme groffier, il lui paffe fon maintien agrefte, fes façons rebutantes, & les bienféances manquées ; il ne voit en lui que la fimple nature qui n'eft pas encore corrigée, ni peut-être gâtée par le commerce du monde. Pour plaire au fatyrique, il lui donne à cenfurer les folies, les travers, les préjugés, les erreurs des hommes, matiére féconde à exercer fa bile ; mais il l'arrête aux aplications. La critique générale eft utile, la perfonnelle eft dangereufe.

Combien d'autres caractéres dans la fociété qui ont befoin de la même condefcendance. En pratiquant les hommes, on conçoit qu'il n'en eft point fans défaut, & que ceux qui en ont le moins font les parfaits, que les paffions font comme des hôtes qui les attendent dans le cours de la vie, chez qui le Sage ne fait que paffer, & le refte des hommes féjourne plus ou moins de tems, que les caprices du cœur viennent de notre impuiffance à le contenter, que les travers de l'Efprit font des preuves du foible crédit de la Raifon, que les fougues & les petiteffes de l'humeur dérivent du tempérament pétulent ou tranquille, que les défauts enfin tiennent néceffairement à l'humanité. Que de raifons d'indulgence pour les imperfections des hommes ! Ce n'eft point affez pour l'homme gracieux de ne les pas relever, il va jufqu'à leur chercher des excufes qui les pallient, à leur donner un vernis qui les colore, & par le parti qu'il en tire, il les fait entrer dans les agrémens de la fociété.

S'il porte fi loin fa complaifance pour leurs défauts, jufqu'où n'ira-t'elle pas pour leur mérite. Quoique la naiffance, les dignités & les richeffes ne foient que la furface de l'homme, quoique cet éclat emprunté ne foit pas un mérite réel, & ne ferve au vrai mérite que de pied d'eftal & de luftre ; cependant le préjugé leur donne la préférence. Les qualités de l'Efprit & du cœur, quelque rares qu'elles foient, n'en impofent pas comme les grands noms, les grands emplois & les grands biens. L'homme fociable fe conforme à l'ufage établi, & rend à ces diftinctions les divers hommages qui leur font dûs. La noble extraction n'eft pas fimplement un heureux hazard, auquel on n'a point contribué, & dont on jouit gratuitement, elle eft à fes yeux un écoulement de vertus dont elle a été le prix, qui tranfmifes par le fang, fe multiplient par les defcendances. Il regarde avec refpect les neveux d'illuftres Ancêtres qui parés, & comptables de leur gloire, en relévent l'eclat par leur mérite perfonnel, comme un fleuve qui groffit en s'éloignant de fa fource. Ce refpect que l'eftime rend fi flateur, ne va pas jufqu'à ceux qui traînent un nom qu'ils ne peuvent, ou ne fçavent pas porter ; comme il n'eft qu'une décoration pour eux, il leur rend des devoirs fuperficiels ; mais d'autant plus marqués que leur orgueil, feule qualité dont ils prétendent rachêter celles qui leur manquent, en eft plus entêté & plus jaloux.

Si les dignités font les fruits de l'intrigue, ou les conquêtes de l'ambition, il honore ceux qui en font honorés, & ne laiffe entrevoir, ni foupçonner dans la cour qu'il leur fait ni contrainte, ni cenfure. Si le mérite les a follicitées, & que

la Juſtice les ait accordées, il a pour ceux qui les honorent cette vénération qu'inſ-
pire le mérite en place. L'opulence, toute brillante qu'elle eſt, ne méritant par
elle-même ni eſtime, ni éloges, puis qu'elle ne donne, & ne ſupoſe aucun vrai
mérite, & qu'il eſt ſi rare d'y parvenir par la voïe de la vertu, il ſe contente de
regarder le riche qui fait un faſtueux uſage de ſes richeſſes comme un homme
qu'on croit heureux, & celui qui en fait un noble emploi comme un homme
qui mérite de l'être.

Ces hommages que la bienſéance exige, ne ſont pas toujours avoüés par
l'amour propre, & il ſuffit, pour qu'ils flattent, que le déſaveu ſecret n'en ſoit
point pénétré ; mais les éloges & l'eſtime que s'attirent les qualités de l'Eſprit ſont
d'autant plus flateurs que ce tribut eſt volontaire, que c'eſt la Juſtice qui l'impoſe,
& que pour honorer le mérite, il faut en avoir, & s'y connoître. L'homme ſociable
non-ſeulement le voit avec aplaudiſſement, mais encore avec un plaiſir & un con-
tentement qu'il ne peut contenir. C'eſt peu d'en ſentir les nuances, la valeur &
l'étenduë, il ſe plaît à le mettre au jour, à le faire valoir, à le publier, à le loüer,
à le prôner. Il aide à la vanité qui cherche à l'étaler, il déconcerte la modeſtie qui
s'efforce à le cacher.

Rencontre-t'il de ces génies brillants, dont l'eſprit ſort de tout côté, & à toute
heure, & prodigue la délicateſſe & l'enjoüement ? Il échaufe leur imagination ,
& leur fait créer de tours & des traits plus ſaiſiſſants encore. Trouve-t'il de ces
jugemens ſains qui aperçoivent le vrai du premier coup d'œil, & comme par
inſtinct ? Il les met dans l'occaſion de faire convenir du pouvoir de la Raiſon, &
de la force de la verité. Eſt-il avec ces ſçavans à qui le paſſé eſt préſent, & tous
les lieux ſont connus, devant qui les ténébres diſparoiſſent, & l'erreur eſt fugi-
tive ? Par les éclairciſſemens, les lumiéres, les inſtructions qu'il en tire, il fait
admirer en eux l'étenduë de l'Eſprit de l'homme. S'il eſt lié avec ces Eſprits bienfaits, que la médiſance trouve incrédules, qui doutent du mal qu'ils voïent, &
dont la prévention & les interprétations ſont toujours favorables, il les propoſe
comme des modéles à prendre, comme des exemples à ſuivre pour le bonheur
de la ſociété. Tout ce qui mérite enfin d'être eſtimé, trouve en lui un pané-
gyriſte, un ſectateur, un partiſan.

Les qualités du cœur font encore ſur lui des impreſſions plus intéreſſantes ;
c'eſt le cœur qui décide de l'homme, & du prix de ſes actions, & qui fait le caractére eſſentiel de l'homme ſociable. Le voilà dans ſon vrai jour, dans ſon point
de vûë naturel. De-là l'admiration, le goût, l'intérêt qu'il a, & qu'il témoigne
pour le mérite & les vertus qui partent d'un fond ſi peu équivoque, car
le cœur eſt toujours vrai. Ici rien n'eſt ſuſpect de diſſimulation & de flaterie. Les
qualités qui le touchent, qui le pénétrent ſont les ſiennes, il aime dans les autres ce qui le fait aimer, la généroſité qui ne connoît d'autres limites que le
pouvoir, & la bonne volonté qui ſoufre de ſon impuiſſance ; les graces en obligeant qui laiſſent à peine de la reconnoiſſance pour les ſervices rendus ; la

compassion qui sçait si bien adoucir l'amertume des peines, & soulager le poids de l'infortune ; la joïe intime qui éclate au récit de la prospérité des autres ; la la franchise qui montre sur le front les sentimens du cœur, & met sur les lévres le langage de la vérité ; la probité qui n'a pas même le mérite de résister aux assauts & aux tentations ; la droiture qu'aucun attrait ne peut entamer, & qui ne voit que la justice & les devoirs ; la fidélité que les épreuves les plus délicates trouvent inaltérable, & qui fait le plus sûr, & le plus fort lien des cœurs.

Aussi quel dévoüement, quel attachement ne lui voit-on pas pour ceux qui, comme lui, sont doüés de ces qualités tout ensemble respectables & aimables ! Il les cherche, il les fuit, il les cultive comme des hommes rares qui font & l'honneur, & les délices de la Société. Si les hommes comprenoient bien les charmes & les avantages que produit l'Esprit de Société, ils s'empresseroient de l'acquérir ; leurs entretiens en seroient plus polis, & leurs procédés plus obligeants.

PRIERE A JESUS-CHRIST.

SEIGNEUR, Dieu de douceur & de bonté, vous nous avez donné pendant le cours de votre vie mortelle des préceptes & des exemples de l'union qui doit régner entre nous. Vous vous êtes plû avec les enfans des hommes, pour nous enseigner comment nous devons leur plaire, & nous plaire avec eux ; mais l'intérêt nous divise, & les passions nous aliénent. Acordez-nous la grace d'en triompher, & de nous faire regarder les hommes comme nos freres, & de les aimer comme nous-mêmes, afin que nos discours mesurés sur la sagesse, & nos actions dirigées par votre amour, nous n'aïons tous qu'un même esprit & qu'un même cœur.

Sapiens in verbis se ipsum amabilem facit. Eccl. ch. 20. ⅴ. 13.

NOUS soussignés Religieux de Notre-Dame de la Mercy, Rédemption des Captifs, Docteurs de la Faculté de Paris y demeurans, certifions que nous avons lû un Manuscrit qui a pour tître, *Discours présenté à Messieurs de l'Académie Françoise pour le prix d'Eloquence de l'année 1735.* où l'on fait voir *combien il importe d'acquérir l'Esprit de Société,* suivant ces paroles des Proverbes, *Vir amabilis ad societatem magis amicus erit quàm frater,* dans lequel nous n'avons rien trouvé de contraire à la Foi & aux bonnes mœurs. Fait à Paris le vingt-deux Juin 1735.

BRABAN.

DUVERNAY
Commandeur du Couvent de la Mercy.